LE RÉVÉREND PÈRE

DOM FRANÇOIS RÉGIS

DE MARTRIN DONOS,

ABBÉ FONDATEUR DE STAOUELI,

PROCUREUR GÉNÉRAL DE LA TRAPPE A ROME.

MONTAUBAN,

IMP. ET LITH. FORESTIÉ, RUE DU VIEUX-PALAIS.

1880.

LE RÉVÉREND PÈRE
DOM FRANÇOIS RÉGIS DE MARTRIN-DONOS

ABBÉ FONDATEUR DE STAOUELI,
PROCUREUR GÉNÉRAL DE LA TRAPPE A ROME.

Le jeudi 13 mai, octave de la fête de l'Ascension, le R. P. abbé dom François Régis de Martrin-Donos rendait sa belle âme à Dieu. Lorsqu'il quittait Rome, l'automne dernier, pour se rendre au chapitre général de son ordre, il était déjà atteint de la fièvre terrible de ce pays. Arrivé à Lyon, il était si malade, que sa vie fut en danger; il reçut les derniers sacrements. Echappé à cette crise, il eut hâte de se retrouver au milieu de ses frères et partit trop précipitamment pour la Grande-Trappe, où il fut frappé d'une première attaque; la gravité de son état exigea un repos absolu dans un climat tempéré.

C'est dans le Midi, au château de Montbeton, chez sa parente Mme la comtesse de Mesnard, qu'il recevait les soins les plus dévoués et les plus intelligents. Le fervent religieux n'avait, du reste, consenti à laisser le monastère qu'accompagné d'un de ses frères, le père Marie-Joseph, qui représentait sa famille monastique, et avec qui il ne cessa, durant toute sa convalescence, de suivre les observances de son ordre. C'est au moment où grâces aux soins diriges avec le plus grand dévouement et la grande affection des amis d'élite qui l'entouraient, il reprenait ses forces et se disposait à rentrer au milieu des siens, que la mort l'a ravi : elle l'a trouvé les armes à la main, comme un vaillant soldat du Christ. Frappé pendant son oraison, on le trouva affaissé sur son prie-dieu. Paralysé, mais ayant encore sa connaissance, on put lui donner les derniers sacrements. Ses parents, prévenus dès le premier signal du mal, assistèrent à son agonie, qui se prolongea jusqu'au lendemain jeudi à huit heures du matin.

Nous avons pu, pendant deux jours, contempler le Révérend Père endormi dans le Seigneur, dans la chapelle du château, cet oratoire intime, témoin des derniers actes de sa ferveur sacerdotale, là où il a célébré ses dernières messes et si souvent béni ceux qui l'entouraient.

Une garde d'honneur toute religieuse n'a cessé d'entourer sa couche funèbre, l'Orphelinat, sœurs et enfants, se succédaient auprès du vénérable défunt; deux jours et deux nuits la prière a été continuelle, les Frères de la doctrine chrétienne, plusieurs prêtres y prirent part et nous admirions la piété filiale du P. Marie-Joseph, compagnon et fidèle soutien de ses derniers mois en ce monde.

Le samedi 15 mai, jour des obsèques, le R. P. Etienne, abbé de Sainte-Marie du désert, avec plusieurs de ses religieux; des représentants de plusieurs ordres religieux, Dominicains, Capucins, Franciscains, Jésuites; un nombre considérable de prêtres amis de la première et de la dernière heure, précédaient Monseigneur l'Évêque de Montauban.

Avec le concours dû à l'initiative de Mme la comtesse de Mesnard, les plus belles funérailles ont été célébrées.

Nous avons encore le cœur rempli de ces grandes émotions et de la vue de ce visage transfiguré où nous lisions à travers le rayonnement de la sainteté la vie du révérend et bon Père. Les travaux, la fondation du monastère de Staouëli, la grande œuvre à Rome de la Trappe de Saint-Paul aux Trois-Fontaines, ses fonctions de procureur général de son ordre, qu'il remplit avec tant de prudence, de talent et de douceur, le cœur si loyal, si bon, si droit, qu'il lui attira un si grand nombre de véritables amis...

Mais je ne puis dans ces quelques lignes retracer une vie si pleine de mérites et de vertus également précieux à l'Eglise et à la Patrie. Une main, je ne dirai pas plus dévouée, mais plus exercée, nous montrera dans tout son éclat une si noble existence.

Le corps du R. P. abbé était porté à découvert à travers les massifs de rosiers qui entourent l'orphelinat Bellissen, la paroisse entière de Montbeton le regardait passer ou le suivait dans le plus grand respect.

Après les cinq absoutes prescrites par le cérémonial aux obsèques des évêques, on a déposé les restes mortels du R. Père au centre du cloître où se trouve le caveau de la famille de Bellissen. De là, ils partiront pour Staouëli ; la terre d'Afrique attend son corps. Et n'est-ce pas la sépulture qui convient au R. P. Dom François Régis, lui qui, par son monastère, a été la première pierre de l'Algérie chrétienne.

(Extrait du *Courrier de Tarn-et-Garonne*.)

Samedi dernier, 15 mai, une touchante cérémonie avait lieu à Montbeton. Le château, l'orphelinat, le village étaient en deuil. On rendait les honneurs funèbres au R^{me} Père abbé dom François Régis, procureur général des Trappistes à Rome, mort, l'avant-veille, d'une attaque d'apoplexie, chez sa parente, Mme la comtesse de Mesnard, au moment même où sa santé, depuis longtemps ébranlée, semblait retrouver un peu de son ancienne vigueur et allait lui permettre de retourner parmi les siens. Le saint religieux, revêtu de la coule blanche de son ordre, était porté à découvert. Son visage, malgré le travail secret de la mort, n'avait encore, après 48 heures, rien perdu de sa grave et douce austérité, et semblait, en quelque sorte, montrer un reflet de vie aux rayons d'un chaud soleil, qui brûlait sa tête nue. Il a été accompagné par une foule émue et recueillie jusqu'à la chapelle de l'orphelinat où a été chantée la messe de *Requiem*, et jusqu'au gracieux *campo santo* de la famille de Bellissen, où, durant quelques jours, doit reposer sa dépouille.

Mgr l'évêque de Montauban a fait la levée du corps, la première des cinq absoutes prescrites et les prières qui précèdent l'inhumation, entouré de ses grands vicaires, de plusieurs chanoines et d'un grand nombre de prêtres.

Le R. P. abbé de la Trappe de Sainte-Marie du désert a chanté la messe.

Le deuil était conduit par le frère et un neveu du défunt. La famille du sang ne comprenait guère que quelques membres appelés par dépêche et accourus à la hâte après la fatale nouvelle ; mais la famille du cœur comptait un grand nombre d'amis et de religieux. Parmi ces derniers, à côté des trappistes qui pleuraient un père, nous avons vu des Dominicains, des Jésuites, des Capucins, un Franciscain, qui tous regrettaient un apôtre.

La cérémonie avait comme un parfum de Rome; car, à la suite des deux mitres blanches qui brillaient dans le cortège, marchaient des prêtres, des zouaves pontificaux, des familles qui autrefois avaient vu, connu, aimé le R. P. Régis, à Rome. Cette impression s'est encore fait mieux sentir, quand, après les dernières prières récitées devant la tombe, plusieurs personnes de la parenté et du deuil sont venues, en pleurant, baiser les mains glacées du Père, qui paraissait endormi. Ces mains ont fait du bien partout, en Algérie, à Rome, en France : elles méritaient bien ce dernier hommage.

Aussi, nous ne sommes pas étonnés que les Trappistes de Staouëli aient réclamé l'honneur de posséder dans leur cimetière celui auquel ils doivent leur florissant monastère.

Ils l'auront : le R. P. Abbé reprendra bientôt, mort, la route de l'Algérie, que si souvent il a prise, vivant, et désormais il reposera dans cette terre où il a si bien réalisé la devise de ses armoiries prélatices! *Cruce et aratro*, par *la croix et la charrue*. Le général Bugeaud avait dit : *Ense et aratro, par l'épée et la charrue*. Le P. Régis mit la croix à la place de l'épée, changea le premier mot de cette belle devise et sa vie se trouve comme encadrée dans les deux mots réunis. La mort l'a surpris à genoux faisant sa méditation devant son crucifix. Il a été frappé sur son prie-dieu, à 72 ans. Dans son existence, il y avait eu quelque chose du soldat d'Afrique; il est mort comme un zouave de Dieu!

Aussi, nous ne doutons pas qu'il n'ait déjà reçu la récompense de ses glorieuses campagnes.

« Le ciel est pour ceux qui y pensent, » a dit Joubert, et c'est pour y mieux penser que M. l'abbé de Martrin-Donos, curé dans le diocèse d'Albi, avait quitté le ministère pastoral, avait renoncé à son nom de famille et, jeune encore, était entré au noviciat de la Trappe.

L'abbé Henry Caliiiat.

(Extrait du Bulletin catholique.)

La nouvelle de la mort de l'éminent évêque de Poitiers a suivi de près la nouvelle de la mort du R^{me} dom François Régis, dans le siècle *de Martrin*, abbé et procureur général de la Trappe, à Rome. Qui de nous n'a connu et aimé cet excellent père ? En dépit de son grand âge, de ses longs travaux apostoliques, il avait conservé la verdeur de l'esprit, la force du corps et cette sérénité qui est le privilège des religieux de son ordre austère. Parfois, il se retrouvait homme du monde dans la juste mesure qui convenait à son état. Aussi lui accordait-on, avec les louanges qu'il méritait, un tribut de respect et de sympathie. Il avait un cœur très-large, qu'il emplissait de vertus. Sans être doué d'éloquence et de savoir extraordinaires, il possédait un rare bon sens, une fermeté supérieure alliée à la bonne grâce. Il semblait peu occupé de chercher les âmes, parce qu'elles venaient naturellement à lui. On sait l'activité et l'énergie qu'il déploya en Afrique pour fonder le merveilleux établissement agricole de Staouëli. A cette occasion, il dut entrer en relation constante avec notre armée. Généraux, officiers et soldats apprécièrent les qualité éminentes du P. Régis. En vrai religieux, il tint dignement son rang auprès des chefs et fut ami des petits. Il ne sema pas le bon grain que dans les plaines fécondes du sol algérien, il le sema aussi dans les intelligences et dans les cœurs. A cette heure, il s'est présenté devant Dieu avec ces riches moissons. On sait aussi l'intimité qui s'établit entre lui et Horace Vernet, qu'il ramena aux pratiques de la foi. Une des meilleures toiles du peintre : *La Messe en Kabylie*, a immortalisé ce souvenir. Certes, dom François Régis n'était point artiste, mais l'on aurait tort de s'étonner de son ascendant sur un artiste. Ne possédait-il pas l'art par excellence : l'art de faire aimer Dieu et de montrer Dieu dans les œuvres de sa création ?

. . . . , ...

La procure générale de la Trappe est exercée, depuis la mort du père abbé, par le R. P. dom Stanislas, moine irlandais, qui a été le digne ami et fidèle compagnon de celui que nous regrettons.

(Extrait *de l'Univers*.)

On écrit de Rome, le 27 mai, au *Monde* :

« Une cérémonie funèbre a eu lieu avant-hier dans l'église nationale de Saint-Louis des Français, pour le repos du R[me] P. Dom François-Régis de Martrin, abbé et procureur général de la Trappe, décédé à Montauban le 13 de ce mois. L'illustre défunt laisse des œuvres qui lui survivront. Il a fondé, en Afrique, le magnifique établissement de Staouëli, et, à Rome, l'abbaye des Trois-Fontaines. Pendant vingt-cinq ans, il a géré ici la procure générale de son Ordre. Sa mémoire demeurera vivante par le souvenir des vertus dont il a donné l'exemple et par lesquelles il avait su se concilier, à Rome, l'estime des plus hauts personnages et du Saint-Père lui-même.

« C'est Mgr Schiafino qui a bien voulu célébrer la messe solennelle de *Requiem*. LL. EE. les cardinaux Pitra et de Falloux assistaient à la cérémonie funèbre du haut d'une tribune réservée. A la tête de l'assistance, on remarquait S. Exc. M. Desprez, ambassadeur de France près du Saint-Siége, et son fils, secrétaire de l'ambassade ; plusieurs prélats de la Cour pontificale ; tous les supérieurs ou procureurs généraux des ordres religieux, et dix abbés d'autant de couvents de la Trappe. »

Le R. P. Joseph, qui a eu la consolation d'accompagner les restes mortels du R. Père François Régis depuis le château de Montbeton jusqu'à la Trappe de Staouëli, a envoyé à l'*Union du Midi* un récit simple et touchant de ce pieux voyage.

« Monsieur,

« Permettez-moi de vous adresser la relation de notre voyage à la Trappe de Staouëli (Algérie), où nous avons accompagné les restes vénérés du R. Père François Régis.

« Le vendredi, 29 mai, à dix heures, le corps du R. Père François Régis fut retiré du caveau de famille de Mme la comtesse de Mesnard et transporté à la chapelle de l'Orphelinat Bellissen. Une messe de *Requiem*, à laquelle assistaient quelques parents et amis et plusieurs prêtres, fut chantée par M. le curé de Villebourbon. Après l'absoute, donnée par M. le curé de Montbeton, le corps fut déposé sur un char funèbre, et le cortége se dirigea vers la gare de Montauban. Les orphelines de Mme la comtesse de Mesnard tinrent à honneur d'accompagner pendant quelques instants encore les restes de celui qui, pendant tant d'années, les avait bénies.

« Un fourgon entièrement tendu de noir, avait été disposé pour recevoir le corps du R. Père Régis. Mgr Legain, évêque de Montauban, qui honorait de son amitié le Révérend Père, voulut lui donner une dernière marque de son estime et vint à la gare dire les dernières prières.

« A une heure trois quarts nous quittions Montauban, et à cinq heures du matin, le lendemain, nous arrivions à la gare de Marseille, où des amis dévoués et fidèles s'étaient donné rendez-vous pour accompagner le R. Père Régis jusqu'au bateau l'*Immaculée Conception*, de la Compagnie Valéry, qui devait le transporter en Algérie. Mgr Robert, évêque de Marseille, et ami du R. Père Régis, voulut, lui aussi, honorer sa mémoire. Il vint donc, en habits pontificaux, accompagné de plusieurs membres de son clergé, faire l'absoute sur le bateau et bénir encore, avant qu'elle ne quittât pour toujours le sol de la patrie, la dépouille mortelle du Révérend Père. Après une traversée de trente-six heures, et dont le début fut laborieux, nous arrivâmes à Alger le 31 mai.

« Le R. Père Dom Augustin, abbé de Staouëli, vint à notre rencontre et, après la levée du corps faite par Mgr Dusserre, archevêque de Damas et coadjuteur de Mgr Lavigerie, archevêque d'Alger, en ce moment à Rome, nous nous dirigeâmes vers le monastère de Staouëli, œuvre du R. Père François Régis.

« Avertis par le son des cloches de l'arrivée au milieu d'eux, des restes de leur fondateur et premier Père, les moines de Staouëli entourèrent bientôt son cercueil qu'ils transportèrent, au chant du *Libera*, dans la chapelle abbatiale ; et c'est là que, pendant quarante-huit heures, ils se succédèrent sans interruption pour prier.

« L'inhumation solennelle avait été fixée au mercredi 2 juin ; Mgr Dusserre voulut présider cette dernière cérémonie si touchante. Le Chapitre de la Cathédrale et bon nombre de prêtres du diocèse, ainsi qu'un nombre plus grand encore des anciens amis du R. Père Régis, s'étaient réunis à Staouëli pour lui donner une dernière marque de leur amitié.

« La messe d'inhumation commença à dix heures ; Monseigneur l'archevêque assistait au trône, et le R. Père abbé de Staouëli chantait la grand'messe. Le cercueil du R. Père Dom François Régis était exposé dans le chœur de l'église ; un grand nombre de cierges brûlaient autour. Le magnifique drap mortuaire de velours noir avec galons et franges d'or, était dû à la piété de Mme la comtesse de Mesnard qui, jusqu'au delà des mers et à l'entrée du tombeau, avait voulu que cette chère dépouille fût environnée d'honneurs et de respect. Après la grand'messe, Mgr Dusserre voulut, en quelques mots éloquents, rendre hommage à la mémoire du R. Père Régis.

« Il retraça brièvement ses travaux et ses débuts à Staouëli ; les services qu'il rendit à son Ordre, lorsque ses supérieurs majeurs l'appelèrent au poste important de procureur général près la cour de Rome; les commencements si pénibles de la Trappe de Saint-Paul aux Trois-Fontaines, à Rome, pour laquelle il s'employa si activement; enfin la vie pieuse et fervente qu'il menait au château de Montbeton pendant sa convalescence, si rapidement terminée par une mort douce et sainte, à la préparation de laquelle il consacrait tous ses moments. Les absoutes furent données par des supérieurs d'Ordres, par le R. Père abbé de Staouëli et par Mgr Dusserre ; puis nous nous mîmes lentement en marche pour le cimetière.

« Après la bénédiction du caveau, M. le vice-consul pontifical, qui avait assisté aux débuts de la fondation de Staouëli, prononça un discours dans lequel il fit l'éloge du R. Père François Régis, comme fondateur de Staouëli, civilisateur de l'Algérie chrétienne, religieux à la piété douce, homme de talent et de mâle énergie dans les premiers temps, toujours si difficiles d'une fondation. Après ce discours, le corps du R. Père, aspergé et encensé une dernière fois, fut descendu dans le caveau construit par la piété de dom Augustin et de ses religieux pour recevoir sa sainte dépouille.

« Après la cérémonie, le R. Père abbé de Staouëli offrit à ses nombreux invités un modeste et frugal repas. Tous quittèrent le monastère de Staouëli dans la soirée, et nous-mêmes nous reprîmes, sur l'*Immaculée-Conception*, la route si chère à nos cœurs de la mère patrie. La mer était calme, et, après trente-six heures de traversée, nous débarquions enfin sur la terre de France.

« En terminant, permettez-nous d'user de votre journal pour remercier publiquement les chefs et employés des gares où nous sommes passés, et aussi, d'une manière toute spéciale, le commandant de l'*Immaculée-Conception*, M. Cambiaggio et tout son équipage. »

www.ingramcontent.com/pod-product-compliance
Lightning Source LLC
Chambersburg PA
CBHW060629050426
42451CB00012B/2505